BRODERIE

BRODERIE

Jennifer Rollins

Remerciements tout particuliers à Anne Docker, Jenny Johnson et Monika Kaatzke

Publié en 1994 par Harlaxton Publishing Ltd
2, Avenue Road, Grantham, Lincolnshire, NG31 6TA, Royaume-Uni

Première éditon parue en 1992.
Réimpression en 1993.
© Copyright Harlaxton Publishing Ltd
© Copyright design Harlaxton Publishing Ltd

© Copyright 1997 Maxi-Livres Profrance pour la présente édition

Directrice : Dulcie Andrews
Illustrateur : Kathie Baxter Smith
Composition : Transet, Coventry
Produit à Singapour par Imago

Tous droits réservés.
Aucune partie de cette publication ne peut être reproduite ni conservée par système d'extraction, ni transmise sous quelque forme ou par quelque moyen que ce soit, qu'il soit de nature électrique, mécanique, par photocopie, enregistrement ou tout autre, sans l'autorisation préalable écrite du titulaire des droits d'auteur.

Catalogué par la British Library.
L'inscription sur catalogue de ce livre peut s'obtenir en s'adressant à la British Library.

Titre : Country Craft Series : Embroidery
(Titre : Série Artisanat rural : Broderie)

ISBN : 2-7434-0698-4

Sommaire

Introduction
7
Histoire de la Broderie
9
Outils et Matériaux
13
Se Mettre Au Travail
21
La Broderie et ses Techniques
27
Techniques de Finition
43
Projet pour Débutante
45
Index
47

BRODERIE

Une trousse à couture brodée contenant des cotons, aiguilles, ciseaux et dés à coudre.

INTRODUCTION

La création à la main de jolis objets devient de plus en plus populaire dans toutes les tranches d'âge.

Le but de cette série d'ouvrages sur l'Artisanat rural est de vous aider à tirer une grande satisfaction dans l'apprentissage d'une technique nouvelle ; dans ce cas, celle de la broderie.

Les plaisirs créatifs apportés par les travaux d'aiguille, et la broderie en particulier, sont connus depuis des siècles et l'une des activités domestiques était de se consacrer à l'embellissement des vêtements, meubles, rideaux et nappes.

Comme de nombreux autres arts traditionnels, la broderie a connu une renaissance dans les dernières décennies, offrant un nombre toujours croissant de modèles, reproductions de dessins et de nouveaux styles et de nouvelles couleurs de fils. Néanmoins, beaucoup de projets de broderie se concentrent sur un point particulier, le point de croix ou le point lancé, pour créer le modèle, et si cela convient aux débutantes, les brodeuses plus chevronnées risquent de se lasser.

Ce manuel vous propose des conseils sur la manière de dessiner, réaliser ou finir vos projets personnels de broderie et comprend un guide de points qui vous initie étape par étape à toute une vaste gamme de points de broderie utiles tout en étant attrayants. Un projet pour débutante, tout simple, est destiné à vous faire prendre confiance et à vous apprendre à maîtriser vos nouveaux savoir-faire en broderie.

BRODERIE

Un coussin créé et brodé admirablement.

Histoire de la Broderie

LA BRODERIE a une longue et complexe histoire qui reflète sous plusieurs facettes celle des sociétés dans lesquelles elle s'est développée. La découverte d'aiguilles en os et bronze fut la preuve que l'on cousait d'une façon ou d'une autre avec du fil et des aiguilles dès 3000 avant J.-C.

Les plus anciens exemples de vraie broderie proviennent de tissus trouvés dans des tombes coptes des environs du Ier siècle de notre ère et représentent des broderies de motifs simples sous les formes les plus élémentaires au point avant, point arrière et point de croix qui servaient à décorer le drap grossier utilisé comme vêtement funéraire.

Les points de nœud, passé plat et chaînette, trouvés sur des tissus de pays aussi divers que la Russie et la Grèce, témoignent des relations commerciales complexes qui existaient dans le monde antique. La Chine a également une longue histoire de la broderie, avec beaucoup d'exemples d'ouvrages représentant des scènes complexes illustrant fleurs, fruits et paysages et mettant en œuvre une grande variété de points, encore bien préservés mille ans après leur création.

La plus vieille broderie anglaise qui ait survécu date du Xe ; c'est un vêtement ecclésiastique exécuté en fil argenté et soies de couleur. Quoique mal préservé, il n'en démontre pas moins un haut degré de savoir-faire déjà pratiqué par les artisans en broderie de cette période.

La broderie profane, souvent commandée par des chevaliers ou des nobles pour représenter divers événements particuliers auxquels ils avaient pris part, utilisait des fils moins coûteux et des points plus simples mais était pleine de réalisme et de vigueur. Le plus célèbre de ces travaux de broderie est la tapisserie de Bayeux réalisée en appliqué et au point de broderie sur fils couchés, les contours étant au point avant. Faite par un groupe d'artisans anglais du XIe siècle, elle peint sur 70 mètres, en séquence, la conquête normande de l'Angleterre.

Opus Anglicanum (travail anglais) désigne un style particulier de broderie, pratiqué par des artisans anglais à partir du XIIIe siècle. Cet exemple est célèbre par l'originalité de ses dessins, la variété et la finesse de ses points et la richesse de ses tissus qui mêlaient des perles, bijoux, soies et fils d'or et d'argent. Il reste de nombreux exemples de ce type de travail hautement prisé par l'Église et les monarques européens.

Du XIVe au XVIe siècle, la qualité de la broderie ecclésiastique fut sur le déclin. Les brocarts et l'appliqué remplacèrent la broderie complexe, on utilisa des points plus rapides et l'aspect d'ensemble se fit plus grossier.

Le XVIe siècle connut une renaissance de l'intérêt pour la broderie domestique. On utilisa des points avant fins pour broder les chemises de lin et ce point apparaissant souvent sur les

BRODERIE

vêtements dans les tableaux de Holbein, on l'appelle point Holbein.

Des livres de modèles de broderie devinrent extrêmement populaires pendant cette période, de sorte que de nombreux dessins étaient disponibles pour différents types de broderie, en particulier pour la broderie à points comptés qui pouvait s'imprimer sous forme de schéma.

En même temps, un intérêt général pour les jardins de fleurs, par opposition au jardin potager ou d'herbes aromatiques purement utilitaires, entraîna l'apparition de motifs basés sur des feuilles et des fleurs. Un motif représentant des tiges autour de têtes de fleurs était particulièrement populaire. Les roses, bleuets, chèvrefeuilles, feuilles, gousses de pois, chenilles et papillons étaient tous utilisés comme éléments de dessin sur les manches de chemises, coiffes, bourses et porte-épingles, pour ne nommer que quelques-uns des articles portant ce type de broderie.

Les liaisons commerciales avec la Chine et l'Inde influencèrent également les motifs de broderie et les artisans et brodeuses domestiques en France et en Allemagne en particulier utilisaient dans leurs travaux des pagodes, des compositions du type grues et fruits, fleurs et animaux exotiques. Les périodes baroque et rococo se sont également imprégnées de ces combinaisons particulières de motifs : grenades, autres fleurs de la passion et chinoiseries abondèrent.

Faire un échantillon de broderie faisait partie de l'éducation d'une jeune fille et on en trouve de nombreux exemples à partir du XVIe siècle. Présentant les échantillons en bandes ou au hasard sur tout le tissu, ce type d'ouvrage comprenait une importante variété de points, y compris certains qui n'étaient plus utilisés pour décorer l'ameublement ou les vêtements.

On ne s'adonna réellement à la broderie comme passe-temps qu'au XIXe siècle. Les travaux blancs (broderie blanche sur fond blanc), les smocks et les travaux en laine à la berlinoise (style de broderie au point compté d'après un schéma et en couleurs vives) devinrent tous très populaires chez les femmes du monde, quoique la banalité des dessins et une variété limitée de points aient souvent conduit à la production de travaux d'une qualité inférieure.

Ce siècle a vu la renaissance de l'intérêt pour les styles de broderie traditionnels. La broderie folklorique d'Europe du Nord, qui met l'accent sur les dessins géométriques, le point de croix, en une ou deux couleurs est devenue très populaire, sans aucun doute, en partie parce qu'il est facile de la reproduire et de faire les schémas des modèles. L'établissement d'associations de broderie a servi à informer et à initier les brodeuses aux techniques traditionnelles et par suite, à remettre à la mode et relancer des styles comme la broderie découpée ou au fil noir en point avant double.

Toutefois, en parallèle avec cette relance, un intérêt pour les techniques de broderie entièrement contemporaines s'est développé, avec par exemple, la broderie associée à d'autres techniques telles que l'application, les perles, et le collage pour créer des travaux très modernes. La broderie à la machine est également devenue très populaire, de nombreuses machines permettant une large gamme de points compliqués.

Ci-contre : Un ravissant porte-épingles au point de poste, point de nœud français et point passé plat.

BRODERIE

Outils et équipement

OUTILS ET MATÉRIAUX

COMME POUR BEAUCOUP de travaux d'aiguille traditionnels, la broderie ne demande que très peu de matériel : aiguilles, fil et tissu étant les plus importants. Aujourd'hui néanmoins, les passionnées de broderie ont un grand choix de matériel à leur disposition et il faut en comprendre les différences avant de choisir celui qui convient le mieux pour le projet particulier que l'on a envie de réaliser. Certains fils par exemple sont conçus pour être utilisés avec certains types de tissus. Certains tissus ne doivent être employés que pour certaines broderies et ainsi de suite.

La fonction finale de l'ouvrage de broderie dicte également le matériel à sélectionner. Une broderie utilisée pour décorer un vêtement devrait être exécutée avec des fils lavables dans les mêmes conditions que le tissu, sinon, le vêtement demandera un nettoyage à sec chaque fois qu'il est sale.

Au contraire, si vous faites un échantillon de broderies décoratif, conçu pour être au mur, vous serez beaucoup moins limitée quant au choix de fils et tissus.

FILS

Un grand choix de fils est disponible sur le marché, des soies ultra-fines aux solides cotons et laines. L'éventail de couleurs est presque illimité, des tons pastel délicats aux couleurs vives en passant par toutes les teintes intermédiaires. Les fils métalliques, en argent et en or ou de couleur métallisée, comme rouge, bleu et vert, sont également disponibles.

Les cotons à broder sont classés par catégories, selon qu'ils sont divisibles ou non. Les cotons divisibles sont à deux brins ou plus qui peuvent être retirés et utilisés séparément, ce qui donne le choix d'utiliser le même coton en différentes grosseurs, selon le poids du tissu utilisé et l'effet recherché.

Coton à brins
Le plus largement utilisé des cotons à broder, il est disponible dans une gamme de couleurs intéressante et il est aussi divisible pour les ouvrages délicats. Il convient à la plupart des travaux de broderie.

Coton perlé
Disponible en quatre grosseurs, dont n°s 5 et 8 sont les plus courants. On utilise le n° 5 pour la broderie à points comptés, le n° 8 pour les travaux découpés, quoiqu'il convienne pour la plupart des points de broderie moyens à fins. Il ne se divise pas.

Coton retors
Ce coton mat, utilisé pour les grands points et sur des tissus plus lourds, n'est pas divisible.

Coton à broder
A un fil et fini brillants, on l'utilise tout seul pour les travaux découpés, pour les ouvrages de tissu tiré et à fils tirés.

Laine à tapisserie
Fil de laine fine qui convient pour les ouvrages de broderie « libre » et les ouvrages à points comptés. On peut l'utiliser en un brin ou en

BRODERIE

On peut choisir parmi des centaines de couleurs de fils et de combinaisons de textures.

BRODERIE

combinant deux ou quatre brins pour les tissus plus lourds.

Laine persane
Fil de laine divisible disponible dans une large gamme de couleurs vives.

Laine à canevas
Le plus épais de tous les fils, utilisé pour le canevas.

Ne pas utiliser la laine à tricoter pour la broderie, car elle peut s'effilocher ou se rompre alors qu'on la tire à travers le tissu.

Les merceries peuvent également avoir une gamme d'autres fils tels que des soies, des fils synthétiques et métalliques et d'autres fils texturés pour créer des effets spéciaux. Il est possible de créer ses propres effets originaux en combinant deux ou trois brins de fils différents, ce qui est particulièrement utile pour créer une nuance spéciale qui ne se trouve pas dans la gamme normale.

AIGUILLES

Les aiguilles à tapisserie ou à chenille sont utilisées pour les travaux de broderie « libre ».

Aiguilles à tapisserie
Longues et pointues, elles sont utilisées dans du tissu à tissage courant et des fils fins ou moyens.

Aiguilles à chenille
Également pointues, mais avec un plus gros chas pour convenir à des fils plus épais.

Aiguilles à canevas
Des aiguilles dont le bout est rond et non pointu. Utilisées avec des tissus à tissage régulier et des canevas pour les broderies au point compté, l'aiguille passant entre les fils du tissage au lieu de percer le tissu.

TISSUS

Il y a trois catégories de tissus lorsqu'il est question de broderie : à tissage simple (ou commun), à tissage régulier et le canevas. Le canevas étant considéré comme un art à part entière, on n'en traite pas ici.

Tissage simple
Nom donné à la plupart des tissus à tissage serré et surface uniforme, entre autres le lin, le coton, la toile de jute et la soie ainsi que les tissus synthétiques. Des tissus à trame très lâche, tricotés ou extensibles, ne conviennent pas à la broderie parce qu'ils ont tendance à froncer et perdre leur forme au fur et à mesure que la broderie avance.

Certains tissus à tissage simple ont des dessins ou sont imprimés sur la surface. Si le dessin est espacé régulièrement, avec des pois par exemple, on peut l'utiliser comme guide pour les points de broderie tels que le point de croix ou les smocks.

Tissage régulier
Les tissus à tissage régulier ont le même nombre de fils horizontalement et verticalement. Le nombre de fils sur 2,5 cm, ou base de compte du fil, sert à jauger le caractère serré ou la finesse du tissage. Un compte de dix-huit fils indique par suite un tissu plus fin que celui qui en compte neuf. De nombreux tissus fins sont spécialement conçus pour la broderie, y compris les tissus tissés en paires de fils et blocs de quatre fils serrés, courant horizontalement et verticalement selon un motif de point de vannerie. Le tissu à tissage simple est disponible également en tissage grossier ou fin.

CISEAUX

Une paire de ciseaux à broder de bonne qualité est indispensable. Veillez à ce que les lames

OUTILS ET MATÉRIAUX

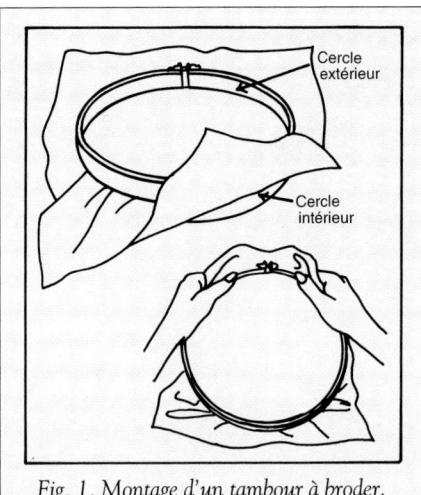

Fig. 1. *Montage d'un tambour à broder.*

soient bien aiguisées et à ce qu'ils soient bien pointus pour faire de petites fentes et des découpages.

TAMBOURS ET CADRES

Même si vous pouvez maintenir votre ouvrage tendu très régulièrement, le tissu a tendance à froncer et à se détendre une fois travaillé en points très serrés. Pour l'éviter, la meilleure façon est d'utiliser un tambour à broder qui aide à maintenir le tissu tendu, la trame et la chaîne restant à angle droit. Un tambour est constitué de deux cercles en bois, en métal ou en plastique, l'un bien imbriqué à l'intérieur de l'autre. Le tissu est posé par-dessus le cercle intérieur puis pris dans le cercle extérieur qui est doté d'une vis permettant de le resserrer ou de le desserrer. En vissant, on tend progressivement le tissu en lui gardant sa forme pendant que l'on travaille (voir Fig. 1).

On ne doit pas laisser la broderie dans un tambour pendant longtemps et c'est une bonne habitude à prendre d'enlever l'ouvrage à la fin de chaque jour. Comme protection supplémentaire, entourer le cercle intérieur d'un ruban de coton avant d'y mettre le tissu. Pour éviter d'écraser les points déjà faits, placer une feuille de papier de soie ou de cellophane non acide sur le dessus du tissu avant de placer le rond extérieur du tambour. Une fois la vis serrée, enlever la feuille de papier pour dégager la partie du travail au centre du cercle (voir Fig. 2).

Les cadres à broder sont conçus pour tenir l'ouvrage entier. Il existe des cadres très sophistiqués sur le marché, mais il est possible de fabriquer un cadre tout à fait adéquat avec quatre morceaux de bois, taillés et assemblés à onglet pour faire une forme carrée ou rectangulaire. La broderie est ensuite agrafée sur le cadre en exerçant une tension ferme et régulière et maintenue sur ce cadre jusqu'à ce que l'ouvrage soit terminé (voir Fig. 3).

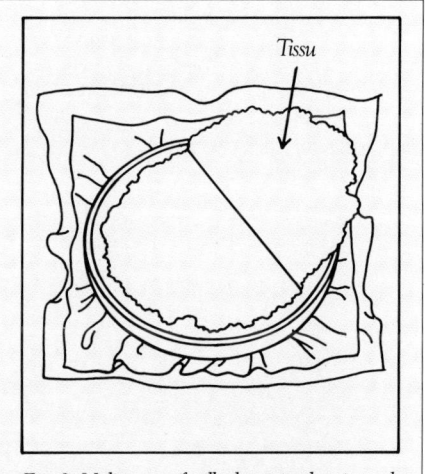

Fig. 2. *Utilisez une feuille de papier de soie ou de cellophane pour empêcher votre broderie de se salir.*

BRODERIE

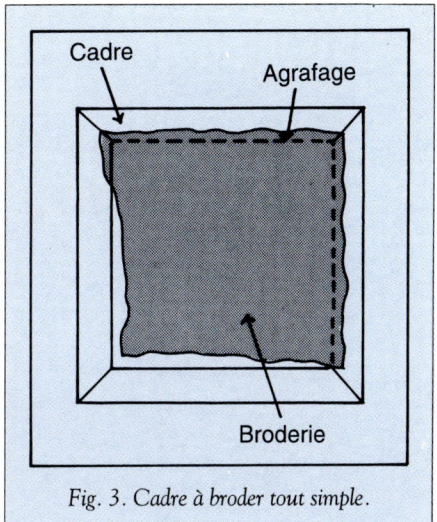
Fig. 3. Cadre à broder tout simple.

D'AUTRES OUTILS ET MATÉRIAUX

Il existe d'autres articles que vous pourriez trouver utiles. Si vous êtes à l'aise avec un dé, vous pouvez le trouver pratique pour vous aider à guider l'aiguille à travers le tissu. Certaines brodeuses trouvent un enfile-aiguille particulièrement précieux, d'autres seraient perdues sans une loupe pendant à un ruban attaché autour du cou, qui leur laisse les mains libres pour broder. À l'étape du dessin et du transfert de la broderie, des crayons, du papier-calque, des crayons de couleur ou de la peinture, du papier quadrillé, une règle et des crayons durs sont tous des outils utiles.

Un point passé plat très précis est utilisé ici dans la majeure partie du dessin de cette nappe brodée.

BRODERIE

Un coussin blanc brodé délicatement ton sur ton.

SE METTRE AU TRAVAIL

PRÉPARATION DU TISSU

On doit passer le tissu à l'eau chaude savonneuse pour éliminer tout risque de rétrécissement ultérieur, puis bien le repasser pour qu'aucun mauvais pli ne gêne la tension des points.

Coupez le tissu au moins 7,5 cm de plus que la dimension du modèle fini, et si vous avez l'intention d'encadrer votre ouvrage fini, ajoutez encore 13 cm tout autour. Faites un ourlet à la machine ou à la main pour empêcher le tissu de s'effilocher.

Trouvez enfin le centre de votre ouvrage en pliant le tissu en quatre, horizontalement puis verticalement, en marquant bien du doigt les plis formés pour les tracer ensuite au crayon ou à la craie de tailleur. Ces repères vous aideront par la suite lorsque vous effectuerez le transfert de votre dessin sur le tissu.

TRANSFERT DE DESSINS

Si de nombreux ouvrages de broderie sont disponibles en kits, il peut être également très agréable de créer son propre dessin.

Si vous souhaitez utiliser un dessin particulier, vous pouvez le transférer sur le tissu selon diverses méthodes.

Papier carbone La première est d'utiliser du papier carbone de couturière. Placez le papier carbone, côté encré contre le tissu. Placez le modèle sur le papier carbone, en veillant à ce qu'il soit centré sur le tissu, puis épinglez les trois couches ensemble pour empêcher qu'elles ne se déplacent. À l'aide d'une roulette, piquez sur le dessin en appuyant bien.

Si le motif est très compliqué, une aiguille à coudre utilisée comme un crayon vous permettra de réaliser un tracé plus fidèle.

Source lumineuse Une autre méthode de transfert du dessin qui convient particulièrement bien aux tissus fins, une source lumineuse étant dirigée sur le tissu à travers un morceau de verre.

Le motif est retenu sur le dessus du verre à l'aide de ruban adhésif, le tissu est posé par dessus de la même façon, et lorsque l'on éclaire la source lumineuse, le dessin devient visible à travers le tissu. On peut alors le reproduire sur le tissu au crayon ou au marqueur spécial de tissu.

Une fenêtre, le dessus d'une table en verre ou même l'écran de télévision, après avoir mis le sélecteur de chaînes hors service, peuvent servir de source lumineuse.

Papier de soie ou de cellophane Pour les tissus

poilus ou de surface irrégulière, dessiner le motif peut s'avérer difficile. Dans ce cas, tracez le dessin sur du papier de soie ou de cellophane et épinglez-le sur le tissu.

Utilisant un fil de couleur contrastante et faisant de petits points, bâtissez autour du motif, en prenant soin de reproduire tous les angles et les petits détails. Enlevez le papier cellophane en laissant le dessin bâti sur le tissu.

Crayon à transfert Cette technique utilise un crayon spécial pour le transfert, disponible dans les merceries et boutiques d'artisanat. Tracez votre dessin à l'aide de ce crayon sur le papier-calque. Placez l'endroit du dessin contre le tissu et posez un fer bien chaud par-dessus pendant quelques secondes. Le dessin est transféré du papier-calque au tissu.

Cette méthode ne convient qu'à des tissus qui supportent un fer bien chaud.

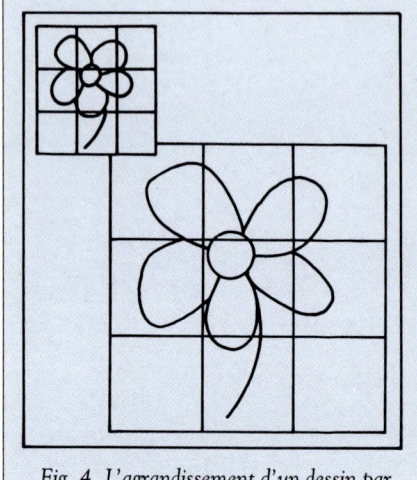

Fig. 4. L'agrandissement d'un dessin par l'intermédiaire d'une grille.

AGRANDISSEMENT OU RÉDUCTION DES DESSINS

Au moyen d'une de ces deux méthodes, vous pourrez facilement agrandir ou réduire votre dessin.

Photocopie La technique la plus simple consiste à réduire la taille de votre dessin en ayant recours à une machine à photocopier. La plupart des machines modernes peuvent réduire et agrandir.

Grille La seconde méthode est d'utiliser une simple grille. Dessinez une grille sur le dessin original. Puis dessinez une autre grille de la taille du dessin à réaliser, en veillant à ce qu'il y ait le même nombre de carrés dans les deux grilles. Trouvez un carré de la seconde grille qui corresponde à un carré de la première grille et marquez-y tous les points d'intersection du dessin et du carré.

Continuez ainsi pour tous les carrés et reliez les marques entre elles pour former le dessin original (voir Fig. 4).

DESSIN SOUS FORME DE GRAPHIQUES

Une fois avoir créé votre dessin, il peut vous être utile d'identifier chaque élément par la couleur et le type de point que vous avez l'intention d'utiliser.

Utilisant votre dessin original sur du papier, attribuez un numéro à chaque point différent et faites-en la liste sur le côté du dessin. Puis portez ces numéros sur le dessin lui-même.

Il est possible d'identifier les couleurs en coloriant les différentes parties du dessin avec les couleurs appropriées ou en attribuant une lettre à chaque couleur que vous voulez utiliser et en marquant le dessin de la même façon qu'avec les numéros (voir Fig. 5).

PRÉPARATION DES FILS

De nombreux trousseaux de broderie ont les fils déjà coupés selon des longueurs commodes. Ils doivent être mis dans un classe-fils pour

Ci-contre : Des serviettes d'invités et gants de toilette brodés.

SE METTRE AU TRAVAIL

BRODERIE

SE METTRE AU TRAVAIL

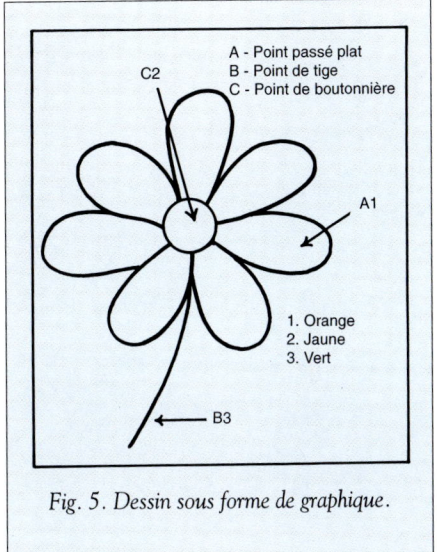

Fig. 5. *Dessin sous forme de graphique.*

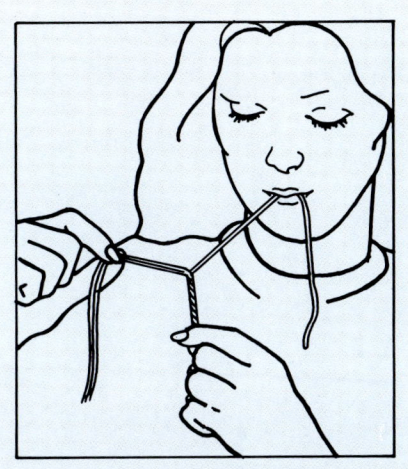

Fig. 6. *Séparation des fils à broder en brins.*

séparer chaque couleur en les empêchant de s'emmêler.

On peut facilement réaliser un classe-fils avec un morceau de carton fort ou de plastique dans lequel on a percé une rangée de trous d'un côté.

Si vous achetez vos fils en écheveaux, il vous faudra les transférer sur un classe-fils ou une bobine. Si vous optez pour le classe-fils, coupez les fils en aiguillées qui ne font pas plus de 38 cm. En plus grandes longueurs ils peuvent s'emmêler, se nouer et s'effilocher (et cela porte sur les nerfs!). Si vous avez enroulé le fil sur une bobine, vous pouvez le couper à la longueur voulue. Prenez note des numéros de bain de chaque écheveau afin de pouvoir assortir les couleurs s'il vous en manque quelques-unes.

Il faudra parfois séparer chaque fil en brin individuel. Tirez le nombre de fils que vous souhaitez utiliser à partir d'une extrémité.

Tenez une extrémité dans la bouche, l'autre extrémité d'une main et tirez doucement pour séparer les brins, en vous servant de l'autre main pour éviter de les faire s'entortiller sur la longueur (voir Fig. 6).

Ci-contre : Point d'ombre du plus bel effet sur cette ravissante chemise de nuit.

BRODERIE

La Broderie et ses Techniques

LA BRODERIE, comme tous les arts anciens, est une activité gourmande de temps et seulement l'immense patience et la minutie permettent de réaliser un travail de grande qualité. Si vous êtes débutante, ne comptez pas terminer votre travail en un temps record, au contraire prenez le temps de vous assurer que vos points sont précis et réguliers, ni trop serrés ni trop lâches.

Il est utile de s'exercer à faire des points particulièrement difficiles sur un morceau de tissu avant de les faire sur l'ouvrage même. Pourquoi ne pas choisir de faire un échantillon de points différents ? En faisant un peu attention aux couleurs et à la position des points, un échantillon peut lui-même devenir un ouvrage intéressant et servir ultérieurement de source de références. En variant l'épaisseur des fils on obtient des effets très différents.

Un point qui paraît joli dans un fil fin, par exemple, peut perdre tout son caractère si l'on utilise un fil plus épais.

Avant de commencer à coudre, pensez au motif dans son ensemble et à la relation de chacun de ses éléments avec les autres. Si, par exemple, une partie d'un motif paraît se superposer sur une autre, alors la partie inférieure devra être brodée d'abord, avant la partie supérieure, ce qui empêchera de voir le tissu entre les différentes parties de la broderie. Par ailleurs ceci ajoute au réalisme du motif.

COMMENT COMMENCER ET ARRÊTER UN POINT

Ce qu'il est important de se rappeler lorsque l'on commence et termine une aiguillée de fil, c'est de ne jamais faire de nœud pour retenir le fil. Les nœuds font des bosses qui ne manqueront pas de se voir dans le travail s'il est encadré ou monté.

Pour commencer, piquez l'aiguille par l'envers du tissu et faites-la sortir en laissant environ 2,5 cm de fil sur l'envers. Alors que vous commencez à broder, veillez à prendre le fil de traîne et à le dissimuler (voir Fig. 7). Si vous êtes en cours de travail, vous pouvez prendre le nouveau fil à l'arrière des points déjà existants.

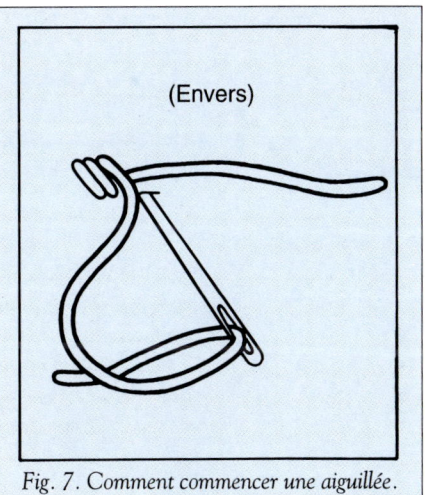

Fig. 7. Comment commencer une aiguillée.

Ci-contre : Une broderie délicate est mise en valeur par un cadre qui la complète.

Pour terminer une aiguillée, faites tout simplement passer l'aiguille sur l'envers de l'ouvrage, faites-la glisser derrière 2,5 cm environ des points déjà faits, puis coupez le fil (voir Fig. 8) Chaque couleur devrait être finie sur elle-même, une aiguillée de fil vert derrière des points verts, une aiguillée de fil rouge derrière des points rouges et ainsi de suite. Si une couleur que vous utilisez est répétée ailleurs dans le dessin, essayez de résister à la tentation de passer le fil en travers pour continuer à cet endroit, car il risque de se voir par transparence. Terminez cette aiguillée et commencez-en une autre.

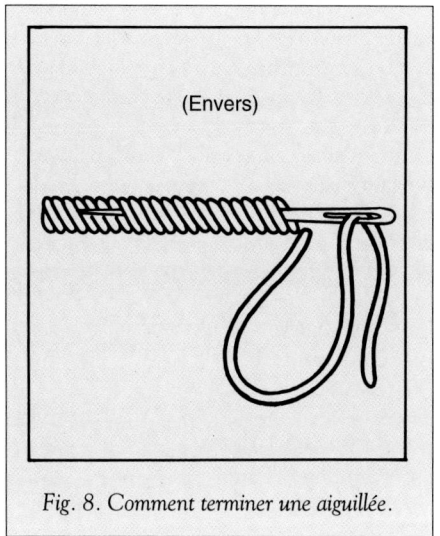

Fig. 8. Comment terminer une aiguillée.

ERREURS DE POINTS

Il est possible de remédier à une erreur d'un ou deux points en dépiquant tout simplement ces points.

Attention à ne pas tirer sur le fil au risque de tendre davantage les autres points et de faire froncer.

Pour remédier à une grande surface de mauvais points, il est préférable de couper les fils un par un et ensuite de les enlever sur l'envers du tissu à l'aide d'une pince à épiler.

N'oubliez pas de bien terminer les points qui restent.

LA BRODERIE ET SES TECHNIQUES

Broderie de plumes minutieusement dessinées réalisée en fils dorés.

BRODERIE

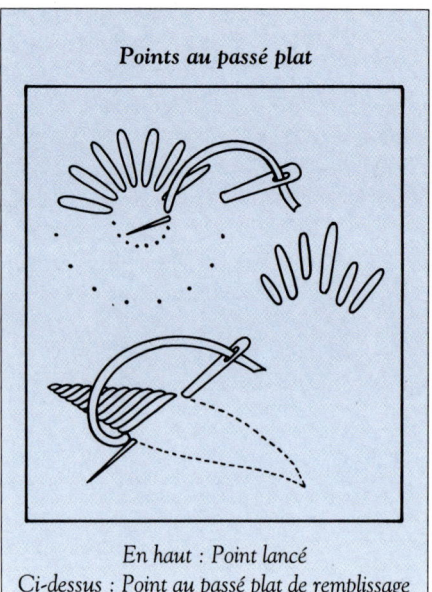

Points de contour

(a) Point avant (b) Point arrière
(c) Point de tige (d) Point de chaînette

Points au passé plat

En haut : Point lancé
Ci-dessus : Point au passé plat de remplissage

GUIDE DE POINTS

Il existe sept grandes familles de points de broderie « libre » : les points de bordure, au passé plat, de chaînette, de bouclette, les points à fils couchés, de nœud et de remplissage. Certains points sont également utilisés pour la broderie à points comptés, et inversement les points utilisés pour le point compté peuvent être utilisés en broderie « libre », le point de croix par exemple. Ne soyez pas limitée par le nom du point, un point pouvant remplir plusieurs fonctions selon la manière dont il est utilisé. Par exemple des points de nœud serrés peuvent être utilisés comme points de remplissage, ainsi que des points de contour travaillés en rangées.

On propose seulement certains points sélectionnés pour chaque groupe, il existe de nombreuses autres variations d'utilisation de ces points de base qui ne peuvent, par manque de place, être incluses dans ce guide. Vous les trouverez dans d'autres livres de broderie.

POINTS DE CONTOUR

On utilise ce groupe de points pour le contour d'autres points ou pour délimiter une surface qui, sinon, ne serait pas brodée.

Point avant

Le plus simple des points, l'aiguille passe sur le dessus et le dessous du tissu. On doit prendre soin de faire les points de la même longueur. À la différence de la plupart des points, on peut faire plusieurs points avant en même temps.

Point arrière

Faites traverser l'aiguille pour l'amener sur l'endroit puis faites un petit point vers l'arrière. Repassez l'aiguille à travers le tissu, cette fois-ci un peu en avant du premier point. Refaites un point arrière en piquant l'aiguille là où elle a traversé la première fois.

Point de tige
On fait ce point de gauche à droite. Faites de petit points réguliers et obliques le long de la ligne à suivre, en veillant à ce que le fil reste sous l'aiguille.

Point de chaînette
Faites un petit point sur l'endroit du tissu, puis faites passer l'aiguille en arrière sous le point, sur l'envers du tissu. Percez le point avec l'aiguille, puis faites un autre petit point. Continuez de cette manière.

POINTS AU PASSÉ PLAT
Ce groupe de points est utile pour le remplissage de grandes surfaces. Tous les points sont à plat sur la surface du tissu.

Point lancé
Un seul point de longueur régulière ou irrégulière. Ne faites pas les points trop longs ni trop lâches.

Point au passé plat classique de remplissage
Des points tout droits très rapprochés. On doit faire attention à ce que ces points soient bien plats et à ce que les bords forment une ligne uniforme.

Passé empiétant
Un autre type de points de remplissage avec une alternance de points longs et courts. Utilisez ce point lorsque la forme est trop grande pour être remplie du point de remplissage régulier ou lorsque vous recherchez un effet d'ombres.

Dans le deuxième cas on utilise, pour chaque rangée de points consécutive, une teinte toujours plus claire ou plus sombre.

Point de fougère
Trois points lancés à partir du même point de départ dans le tissu forment un point de fougère, le point droit et central suivant la ligne du dessin.

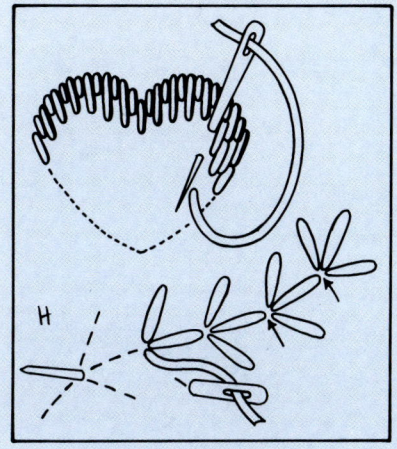

Points au passé plat (Suite)

En haut : *Point passé empiétant*
Ci-dessus : *Point de fougère*

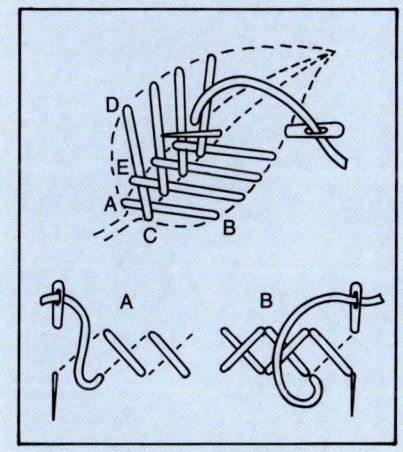

En haut : *Point de feuille*
Ci-dessus : *Point de croix*

LA BRODERIE ET SES TECHNIQUES

Ci-dessus : Cette nappe a été brodée en utilisant surtout le point de remplissage en couleurs vives.

Page ci-contre : Cette broderie mêle des rubans et des fils pour créer le motif.

À gauche : Une version brodée de « cubes d'enfants », dessin populaire qui donne un effet à trois dimensions.

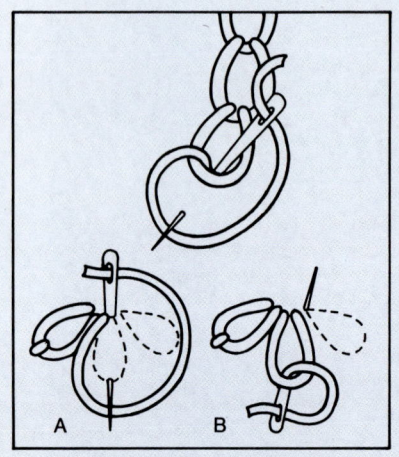
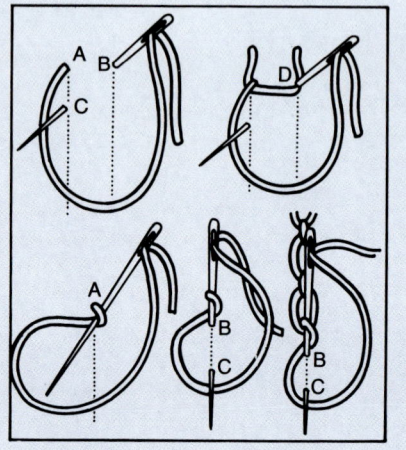

En haut : Point de chaînette classique
Ci-dessus : Point de bouclette

En haut : Point de chaînette non fermé
Ci-dessus : Chaînette câble

Point de feuille
Ce point consiste en points lancés à l'oblique. Suivez l'ordre des lettres pour créer le motif, en maintenant une tension régulière. Un point de contour est en général utilisé pour terminer la forme.

Point de croix
En travaillant de droite à gauche, faites une série de points lancés à l'oblique, puis changez de direction pour compléter la croix. Veillez à ce que le haut de chaque point soit dans la même direction.

À gauche : La broderie d'une seule couleur doit être bien dessinée et bien exécutée.

POINTS DE CHAÎNETTE
Ces points servent à faire les contours, le remplissage et les bordures décoratives.
Chaînette classique
Pour commencer la chaînette, piquez l'aiguille et sortez le fil sur l'endroit en le retenant avec le pouce gauche. Repiquez l'aiguille au même endroit et faites un petit point, en maintenant le fil au-dessous de la pointe de l'aiguille. Tirez le fil.
Bouclette
Un point de chaînette simple fixé à la base par un petit point. Un ensemble de ces points peut être utilisé pour former une fleur.
Chaînette ouverte
Sortez l'aiguille en A, introduisez-la en B, juste en face, puis sortez en C, en gardant toujours le fil souple et sous la pointe de l'aiguille. Laissez suffisamment de mou pour pouvoir piquer l'aiguille en D.
Chaînette « câble »
Sortez l'aiguille en A, puis passez le fil par-dessus puis par-dessous pour faire une boucle sous l'aiguille comme indiqué, en tenant le fil en place à l'aide du pouce. Piquez l'aiguille en B et faites-la sortir en C, en veillant à ce que le fil soit sous l'aiguille.

POINTS DE FESTON
Dans ce groupe, on trouve des points qui conviennent aux lisières et bordures et au remplissage, selon la manière dont ils sont réalisés.
Point de feston espacé et point de boutonnière
Sortez l'aiguille en A. Piquez-la en B et sortez en C, en gardant le fil sous l'aiguille. Ces deux points sont exécutés de la même façon, sauf que pour le point de boutonnière, les points sont serrés les uns contre les autres pour s'enchaîner solidement. On peut faire le point de boutonnière en ligne droite comme le point de feston espacé, ou en rond comme indiqué.

Points de feston

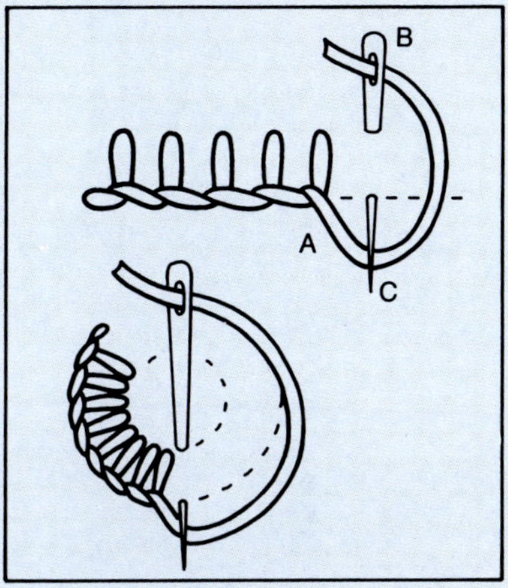

En haut : Point de feston espacé
Ci-dessus : Point de boutonnière

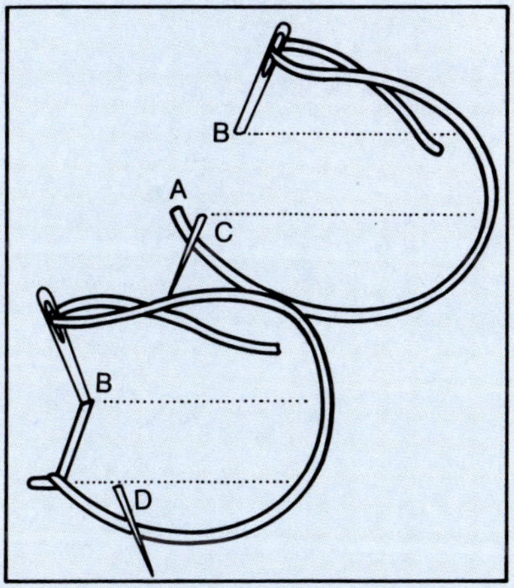

Point de boutonnière fermé

BRODERIE

Points de feston (suite)

Point d'épine

Point Van Dyke

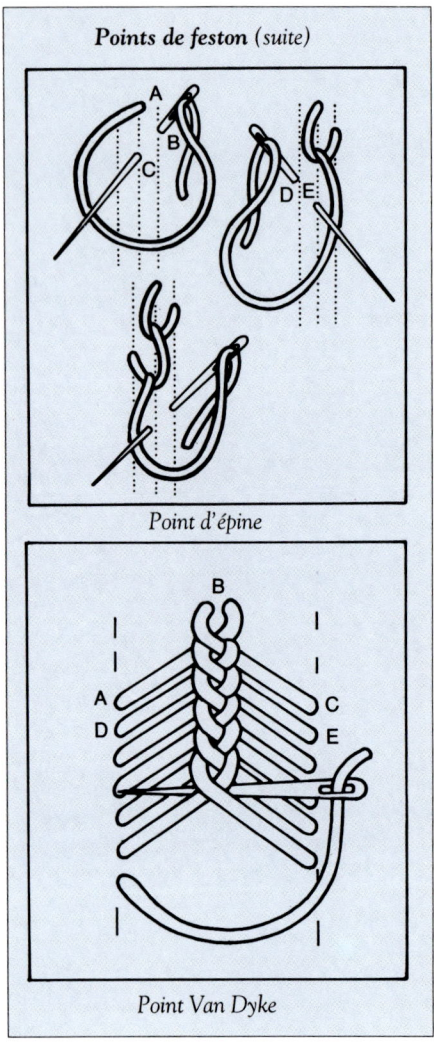

À droite : taie d'oreiller d'enfant brodée.

LA BRODERIE ET SES TECHNIQUES

BRODERIE

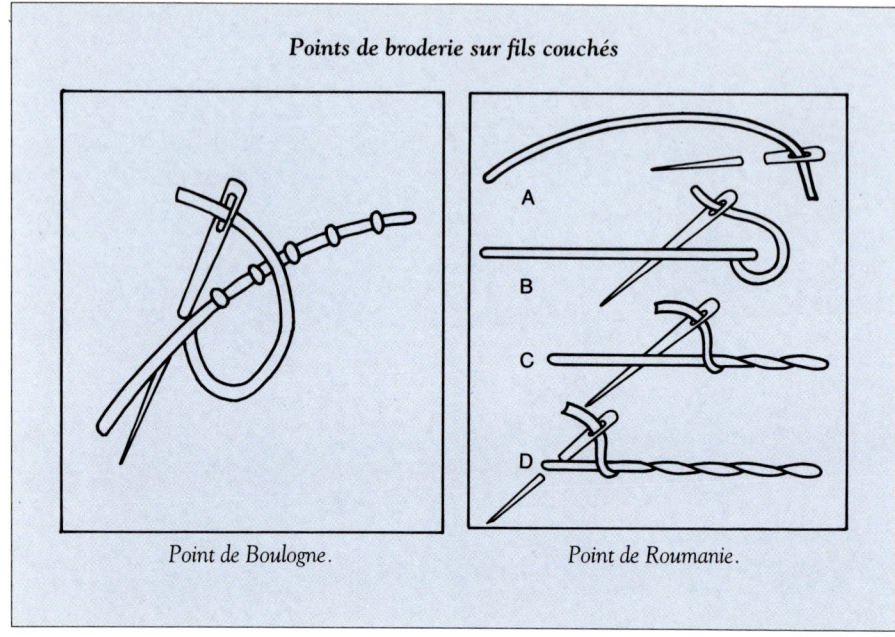

Points de broderie sur fils couchés

Point de Boulogne. *Point de Roumanie.*

Les deux points sont effectués de gauche à droite.

Point de boutonnière fermé
Un point similaire mais les points sont en diagonale. Sortez l'aiguille en A, piquez en B et sortez en C, en gardant le fil sous la pointe de l'aiguille. Terminez le point en repiquant en B et en sortant en D. D prendra la place de A pour le point suivant.

Point d'épine
Dans ce point, les points sont exécutés en alternance à gauche et à droite de la ligne centrale. Sortez l'aiguille au centre A, puis faites un point de B à C, en gardant le fil sous la pointe de l'aiguille. Répétez le même point, cette fois à gauche (de D à E).

Point Van Dyke
Sortez l'aiguille en A, faites un petit point horizontal en B et repiquez en C. Sortez le fil en D, puis sans percer le tissu, amenez l'aiguille à travers les fils croisés en B et repiquez en E. On peut utiliser ce point pour un dessin de feuille ou de natte, selon la longueur des points latéraux.

POINTS DE BRODERIE SUR FILS COUCHÉS

Ces points sont exécutés avec deux fils : un fil posé sur le tissu et un fil servant à le maintenir en place. Les deux fils sont souvent de couleurs opposées. On peut utiliser ce point pour des contours, du remplissage et des bordures décoratives.

Point de Boulogne
Posez un fil ou un groupe de fils sur le tissu en suivant le dessin. Avec une aiguillée d'un autre fil, retenez le premier en faisant de petits points à des intervalles réguliers.

Point de Roumanie
Dans ce point, le fil posé et le fil de maintien sont identiques. Il est utile pour remplir de

LA BRODERIE ET SES TECHNIQUES

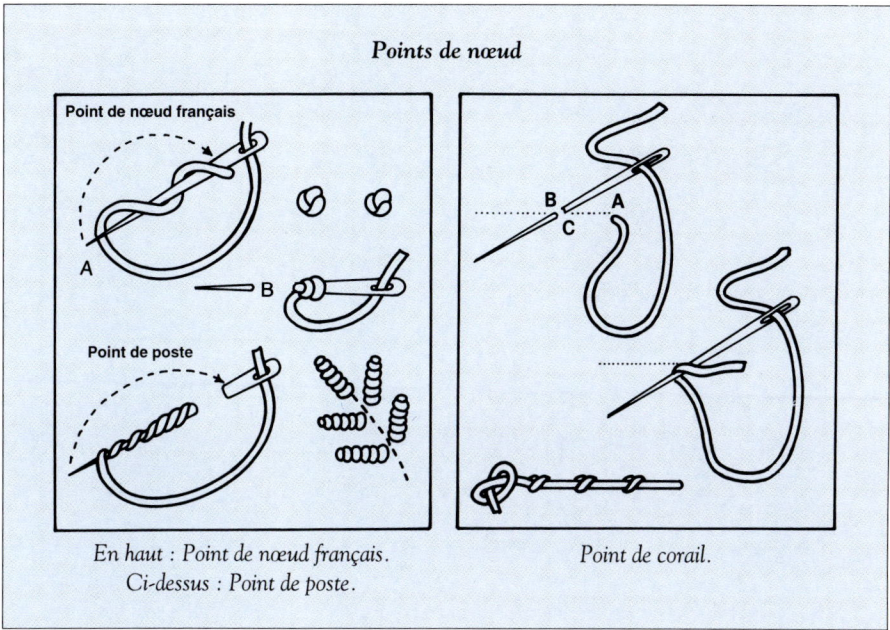

En haut : Point de nœud français.
Ci-dessus : Point de poste.

Point de corail.

grandes surfaces de tissu avec un motif plat. Le fil posé et le fil de maintien ne devraient pas se distinguer l'un de l'autre.

POINTS DE NŒUD
Ces points sont en relief et sont souvent utilisés pour créer les détails de fleurs, les yeux d'animaux et ainsi de suite. On les utilise également comme points de remplissage. Comme ils sont en relief, il faut faire particulièrement attention à ne pas les écraser dans le tambour ou en repassant au fer.
Point de nœud français
Piquez le tissu de l'envers sur l'endroit et faites deux tours de fil sur l'aiguille (voir A). Repiquez l'aiguille d'où elle est sortie au départ et tirez (B). Le fil doit être maintenu tendu.
Point de poste
Faites un point arrière de la longueur souhaitée, mais ne tirez pas l'aiguille entièrement à travers le tissu. Enroulez le fil sur l'aiguille un certain nombre de fois et tirez doucement l'aiguille à travers le tissu et le fil passé sur l'aiguille en prenant garde de bien maintenir la forme de fil entortillée. Ramenez l'aiguille en A et repiquez.
Point de corail
Faites un petit point, faisant seulement un minuscule point à l'oblique entre B et C. Le fil forme une boucle en passant sous la pointe de l'aiguille, puis tirez l'aiguille pour former le nœud. Continuez à faire un autre point.

Points de remplissage

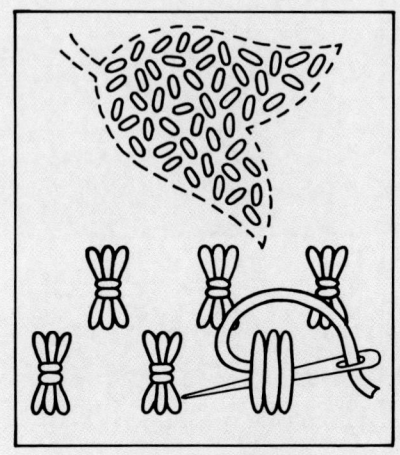
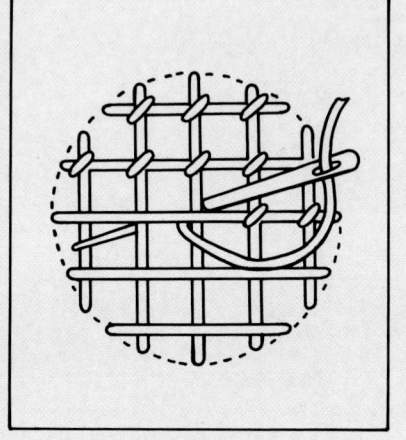

En haut : Point de sable
Ci-dessus : Point de gerbe

Point de vannerie

POINTS DE REMPLISSAGE

Beaucoup de points déjà décrits peuvent être utilisés comme points de remplissage. En voici trois autres pour remplir un espace, petit ou grand, avec succès.

Point de sable

Ce point est composé d'une série de petits points lancés et disposés dans le désordre sur le tissu. L'espacement des points dépend de l'effet que vous souhaitez créer.

Point de gerbe

Ce point consiste en trois points lancés et verticaux exécutés de gauche à droite, et deux points horizontaux par-dessus. On peut faire ce point en groupes et sur des rangs serrés ou espacés et sur des rangs alternés.

Point de vannerie

On fait une trame de fil posé horizontalement et verticalement (ou en diagonale) et à chaque intersection, on attache les fils de trame soit par un petit point avant, soit par un demi-point de croix. Il existe de nombreuses variations de ce point et elles sont toutes très décoratives.

Ci-contre : Une broderie moderne incorporant des boutons de couleurs vives.

LA BRODERIE ET SES TECHNIQUES

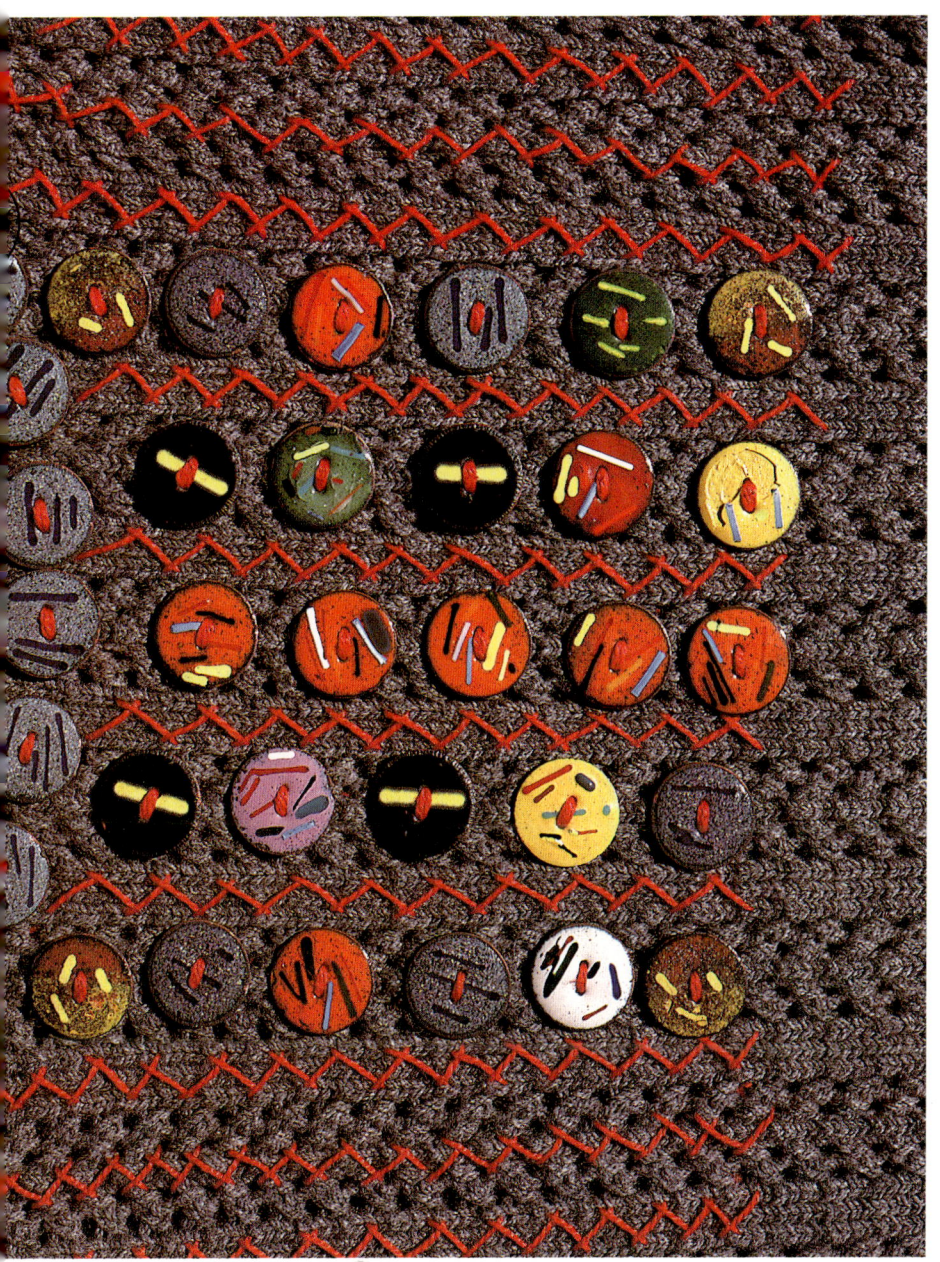

BRODERIE

Techniques de Finition

LAVAGE

À moins d'avoir fait bien attention de ranger votre broderie après chaque ouvrage, d'avoir toujours eu les mains propres et de n'avoir jamais laissé toucher votre ouvrage en cours, le projet fini va probablement avoir besoin d'être lavé.

Si tous les matériaux utilisés dans la broderie sont lavables, utilisez de l'eau savonneuse pas trop froide et trempez l'ouvrage en le remuant. Évitez de l'essorer ou de le tordre pour ne pas tirer le tissu et les points et le faire se déformer.

Rincez abondamment dans plusieurs eaux pas trop froides et roulez l'ouvrage dans une serviette pour faire absorber l'eau en excès.

Si le tissu ou le fil n'est pas lavable, il vaut mieux faire nettoyer l'ouvrage chez un bon teinturier, mais veillez à ce que l'ouvrage ne soit pas passé à la presse après le nettoyage, celle-ci écrasant les points.

REPASSAGE

Pour repasser une broderie, le tissu doit être encore légèrement humide. Placez un essuie-mains sec et plié sur la planche à repasser et posez l'ouvrage dessus, à l'envers.

Recouvrez la broderie d'un linge mouillé et repassez doucement, en touchant à peine le tissu. N'appuyez pas avec le fer pour ne pas aplatir les points.

MONTAGE

Si vous souhaitez exposer votre broderie au mur, il faudra monter et encadrer l'ouvrage. La méthode la plus simple est d'utiliser un cadre à tendre, comme le cadre servant à tenir la broderie décrite dans OUTILS ET MATÉRIAUX.

Quatre morceaux de bois taillés et assemblés en onglet forment un cadre et l'ouvrage de broderie est agrafé ou cloué dessus, en veillant à maintenir la tension sur la surface entière. On peut alors procéder à l'encadrement du travail.

Une méthode de montage plus sophistiquée consiste à poser l'ouvrage sur une plaque de bois en le fixant solidement à l'arrière pour bien le tendre. Cette technique demande d'ourler ou de surjeter l'ouvrage au préalable pour l'empêcher de s'effilocher.

SOINS À APPORTER À LA BRODERIE

A moins d'avoir brodé un article fonctionnel, un vêtement par exemple, qui doit être lavé régulièrement, il vaut la peine d'essayer de préserver la fraîcheur et la couleur originales de votre travail.

Minimisez l'exposition à la lumière directe du soleil, aux fumées et à la chaleur dégagées par le chauffage et évitez le changement d'humidité. À moins que l'ouvrage soit sous verre, enlevez la poussière en donnant un léger coup d'aspirateur ; faites bien attention aux mites et aux petits vers argentés.

Ci-contre : Un dessous de plat bordé d'un galon doré pour donner un air de fête à Noël.

BRODERIE

Un ensemble de points de broderie tout simples pour ce joli motif de barrière de jardin.

Projet pour Débutante

CE JOLI DESSIN représentant une barrière de jardin et une sélection de fleurs a été brodé sur un morceau de tissu approprié, comme une petite nappe. Vous pouvez penser à d'autres applications pour ce dessin, un chemin de table par exemple, quoique dans ce cas, vous devriez l'adapter comme bordure plutôt que comme motif central.

La broderie est faite de sept points différents qui vous permettront de vous exercer et parfaire votre technique.

Ces points sont des points de remplissage, de tige, de bouclette, point lancé, point arrière, point de boutonnière et point de nœud. Aucun de ces points n'est particulièrement difficile et tous conviennent pour une débutante en broderie.

L'artiste a terminé l'ouvrage en bordant avec une dentelle de coton. Il serait également possible de finir l'ouvrage en faisant une bordure au crochet, en ajoutant une broderie ou en faisant un simple ourlet.

MATÉRIEL

Pour une petite nappe, il vous faut :
- 1 mètre de tissu uni, coton, drap ou type toile de lin en blanc ou crème.
- Des écheveaux de fil mouliné : jaune foncé, vieux rose, orange, rouge bourgogne, bleu roi, pourpre, violet moyen, mauve, vert vif, vert olive, bleu clair, blanc et marron.
- Il vous faudra trois écheveaux de marron et un écheveau de chacune des autres couleurs.
- Vous séparerez les fils en trois brins pour exécuter cette broderie.
- Une aiguille à tapisserie n° 7.
- Un morceau de papier et un crayon pour agrandir le dessin, du papier-calque et un crayon dur pour transférer le dessin et un crayon à transfert pour reproduire le dessin sur le tissu.

MÉTHODE
Étape 1
- Lavez et repassez le tissu et ourlez les bords pour empêcher tout effilochage.
- Pliez le tissu en quatre et marquez le centre du doigt.
- Disposez les fils sur le classe-fils.

Étape 2
- Le dessin est répété quatre fois pour créer un carré, avec le dessin en diagonale dans les coins.
- Les motifs d'angle reprennent le dessin de la barrière avec la gueule-de-loup.
- Il vous faudra agrandir le dessin par rapport au motif tel qu'il apparaît dans ce manuel.
- En utilisant le dessin (Fig. 9) et la technique proposés dans le chapitre SE METTRE AU TRAVAIL, agrandissez de façon que chaque côté du carré mesure 28 cm de long sur 7,5 cm de profondeur dans la partie la plus haute, les motifs des angles faisant 8 cm sur 6 cm.

La disposition du motif est indiquée sur la Fig. 10.

BRODERIE

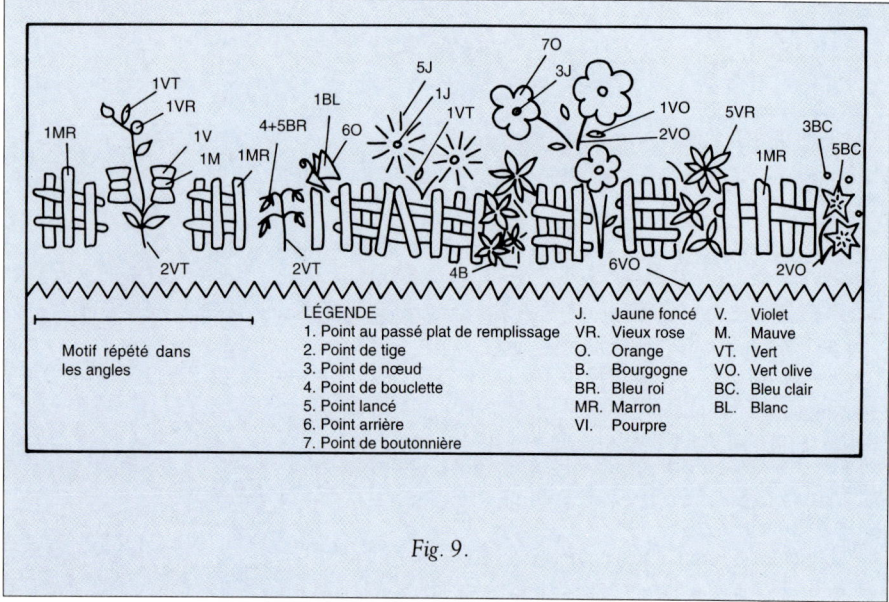

Fig. 9.

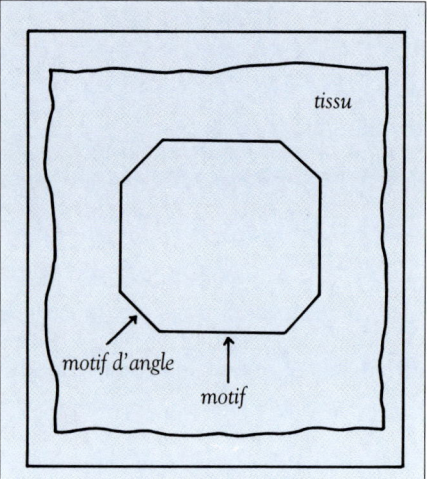

Fig. 10. Disposition du motif de barrière de jardin et dessin de fleurs

Étape 3

- En veillant à bien centrer le motif, reproduisez le dessin sur le tissu, en suivant le guide de couleurs et les points de la Fig. 9, commencez à broder.
- À l'exception des palissades arrière de la barrière que l'on doit broder d'abord car elles sont les parties inférieures du dessin, il n'y pas d'ordre particulier à suivre pour exécuter cette broderie.
- Terminez les bords au moyen de l'une des idées suggérées, lavez et repassez avec soin, votre nappe est terminée.

INDEX

Abécédaire 11, 27
Agrandissement et réduction de dessins 22
Aiguilles 16
Aiguilles à chenille 16
Aiguilles à tapisserie 16
Allemagne 11
Appliqué 11
Baroque 11
Bobine 25
Broderie
  Guilde 11
  Tambours et cadres 17
  Kits 22
Broderie à la machine 11
Broderie à perles 11
Broderie découpée 13
Broderie du folklore européen 11
Broderie ecclésiastique 9
Broderie « libre » 7
Broderie séculière 9
Broderie ton sur ton 11
Canevas
  Aiguilles 16
  laine 13
Chaînette ouverte
  Voir Points de chaînette
Chine 9, 11
Chinoiseries 11
Ciseaux 16
Classe-fils 22
Comment commencer et terminer une aiguillée 27
Conquête normande 9
Coton à broder 13
Coton Mouliné 13
Coton Perlé 13
Crayon dur 22
Dé à coudre 19
Découdre 28
Dessin en graphiques 22
Dessins 21
Écheveaux 25
Erreurs en broderie 28
Fil tiré 13
Fils 13
Fils métalliques 13
France 11
Grèce 9
Grille 22
Guide de points 30
Habit ecclésiastique 9

Holbein
  point 11
  portraits 11
Inde 11
Kits
  forme 21
  projets 7
Laine à tapisserie 13
Laine persane 16
Lavage 43
Loupe 19
Monde antique 9
Montage 43
N° de bain 25
Opus anglicanum 9
Outils et matériaux 19
Ouvrage en laine à la berlinoise 11
Papier-carbone 21
Papier de soie, cellophane 21
Photocopie 22
Point arrière 9
  Voir Points de contour
Point au passé plat de remplissage
  Voir Points au passé plat
Point avant 9, 11
  Voir Points de contour
Point de Boulogne
  Voir Points sur fils couchés
Point de boutonnière
  Voir Points de feston
Point de boutonnière fermé
  Voir Points de feston
Point de bouclette
  Voir Points de chaînette
Point de chaînette « câble »
  Voir Points de chaînette
Point de chaînette classique
  Voir Points de chaînette
Point de chaînette fendu
  Voir Points de contour
Point de chaînette ouverte
  Voir Points de chaînette
Point de corail
  Voir Points de nœud
Point de croix 7, 9, 16
  Voir Points au passé plat
Point d'épine
  Voir Points de feston
Point de feston espacé
  Voir Points de feston
Point de feuille
  Voir Points au passé plat

Point de fougère
  Voir Points au passé plat
Point de gerbe
  Voir Points de remplissage
Point de nœud français
  Voir Points de nœud
Point de plume
  Voir Points de feston
Point de Roumanie
  Voir Points sur fils couchés
Point de sable
  Voir Points de remplissage
Point de tige
  Voir Points de contour
Point de vannerie
  Voir Points de remplissage
Point lancé
  Voir Points au passé plat
Point lancé empiétant 7
  Voir Points au passé plat
Points de nœud 30, 39
Points au passé plat 30, 31
Points de contour 30
Points de feston 30, 35
Points de remplissage 30, 40
Points sur fils couchés 30, 38
Point Van Dyke
  Voir Points de feston
Préparation des fils 22
Préparation du tissu 21
Prêt à broder 7
Projet pour débutante 43-46
Repassage 43
Rococo 11
Russie 9
Smocks 16
Soins à apporter à la broderie 43
Source éclairante 21
Tambours et cadres 17
Tapisserie de Bayeux 9
Tissage simple 16
Tissage régulier 16
Tissus 16
Travaux anglais 9
Trousseaux
  forme 21
  projets 7

BRODERIE

Deux étapes de la technique de la broderie montrant l'ouvrage fini brodé avec des perles.